Danke für 19 Büchern und dieses 20. Buch (als Gesamtwerk vom Autor)

an

CSH (Mrs P), St1 & St2, Angel, Margit S., Christine H., Christina F.A., An.A.W., Christa K., Alexander Weiß, MFLS, Nik Cohn, Siegfried Schmidt-Joos, Frank Laufenberg, Marina B., Marina A., Dorothea P., Annerose P., Musikespress, Rolling Stone, Eclipsed, Der Spiegel, Stern, OK-KL.

VORWORT

Da dieses Buch und weitere 19 Bücher nicht interessieren, schreibe ich mein treffendes Vorwort:

Blablabla bla blabla blablablablabla bla bla blablabla blabla blablabla bla blabla bla

Hommage an Shining-Film:

Was du heute kannst besorgen, das verschiebe nicht auf morgen

(ca 1792568 mal...)

KAPITEL 1 PREMIUM-MUSIK

Bei den letzten 19 Büchern hatte ich Albenlisten, songlisten, Links... Und immer wieder Genesis, Pink Floyd, The Beatles, Led Zeppelin, The Police, Neil Young, Kate Bush mit Alben wie The Dark Side Of The Moon (Pink Floyd, seit 1976 mein Nr. 1-Album), The Lamb Lies Down On Broadway (Genesis), "Weißes Album" (The Beatles) u.v.v v.v.a. oder Megasongs wie Blood On The Rooftops (Genesis - Titelträger bei meinen ersten 3 Büchern...), Supper´s Ready (Genesis), Time (Pink Floyd), Comfortably Numb (Pink Floyd), Stairway To Heaven (Led Zeppelin), Hammer Horror (meine Fee Kate Bush), Hey Hey My My (mein Seelenverwandter Neil Young) u.v.v.v.v.a. Da hab ich 30 Lebensalben, dann 12 Lebensalben, Jahrhundertalben von den 1960ern bis 2000ern, Songliste u.v.v.v.a.

Nachfolgend anders und doch megageile Musik... Bei den Lieblingssongs dann immer Time oder Highway Star, aber eben diese Songs... Vielleicht versteht Ihr, wenn Ihr einfach die

Videos seht/hört... Geile Texte, geile Momentums! 28.12.20 bis 30.12.20 war das...

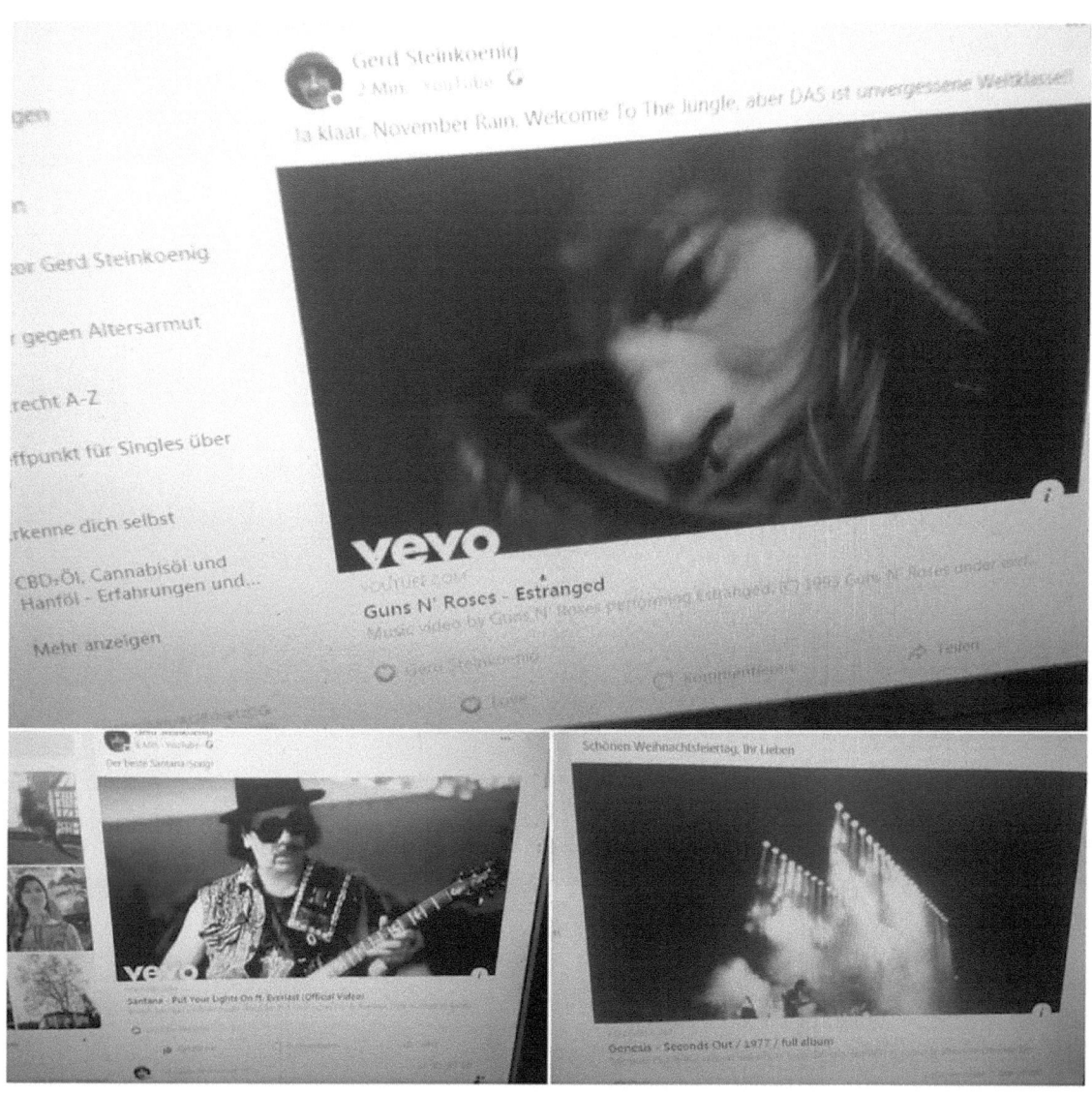

27. Dezember um 20:31 · 🌐

Meine Fee Stevie Nicks!

...

YOUTUBE.COM
Fleetwood Mac - Gypsy (Official Music Video)
You're watching the official music video for Fleetwood Mac - Gypsy from the 1982 album "M...

Gefällt Susanne Thom und Viola Beigmann   1 Mal geteilt

👍 Gefällt mir   💬 Kommentieren   ↗ Teilen

Gestern um 14:56 · 🌐   ...
Der Nachfolger vom Harvest Album...

Neil Young - Harvest Moon (Official Music Video)

Cool Rock!

Whitesnake - Is This Love (Official Music Video)

Gerd Steinkoenig
26. Dezember um 13:27 · YouTube · 🌐

asdfgvhbjnkkgfwerdfghjkdfkjhgfd aah, das war mein Katzenäsche...

Sweet - Fever Of Love (Official Video)

Gerd Steinkoenig
20 Std. · 🌐

JAHRTAUSENDSONG FOREVER

Sade - Why can't we live Together ? - Montreux Jazz Festival (1984)

5 Min. · YouTube · 🌐

Abacab ist das schlechteste Genesis-Album... Aber Me And Sarah Jane!! Weltklasse!!

YOUTUBE.COM
genesis - Me And The Sarah Jane - Abacab
Download this track for free from http://YOUTUBEMUZIKJFREE.INFO genesis - Me And The Sa...

Gerd Steinkoenig

👍 Gefällt mir   💬 Kommentieren   ↪ Teilen

5

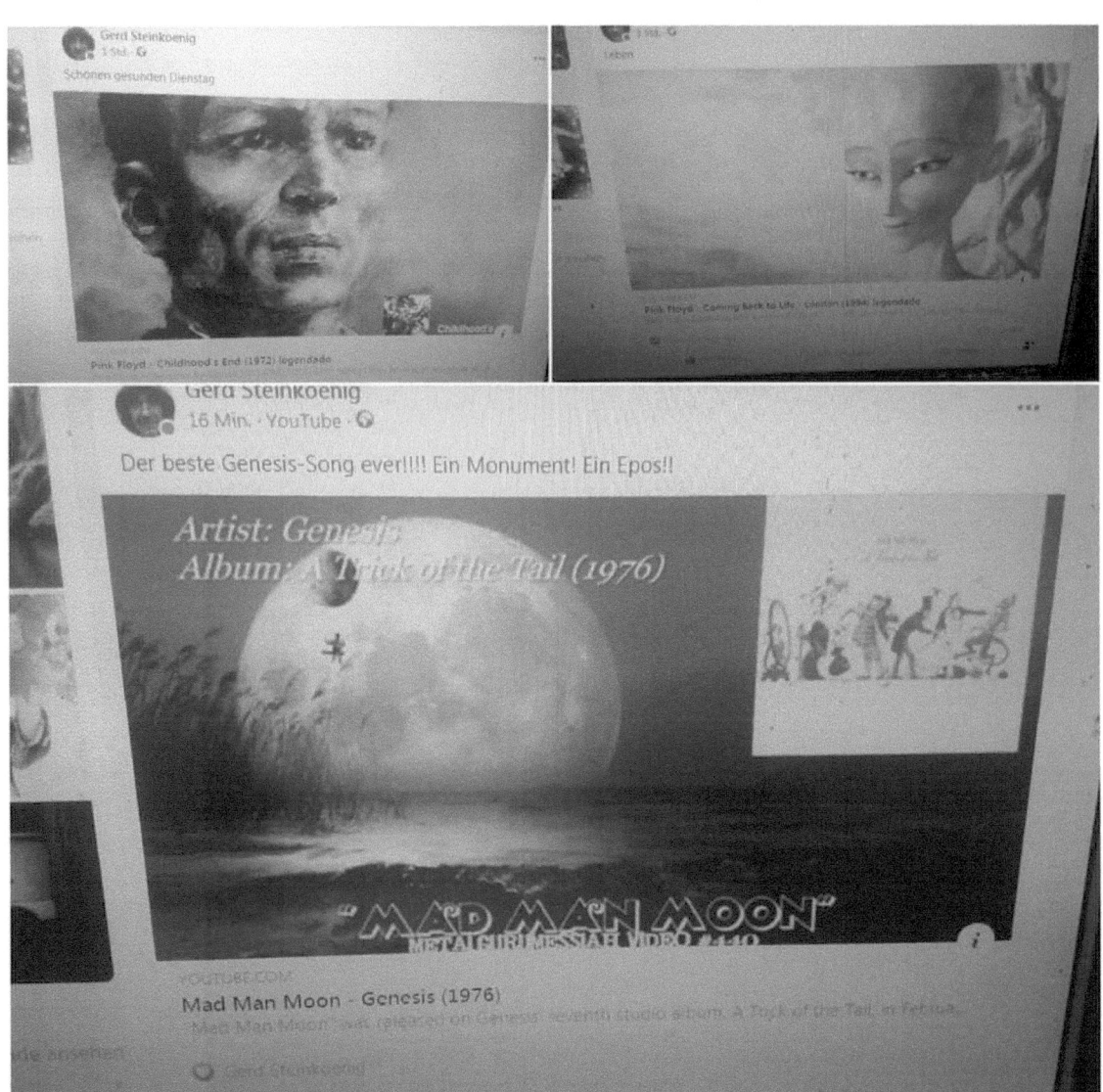

KAPITEL 2 THE BEST OF (ODER: LEBENSSONNE)

The Best of = eine kleine Auswahl und dann doch die geilste Schreibe oder doch nur aus dem Momentums des Suchens aus den 19 Büchern... Das heißt: Mit diesem Buch sind es 20 ISBN-Bücher (= Deutsche Nationalbibliothek, amazon etc...), da sind auch einige Shots aus den no isbn-Büchern...

2017 = Musik, Prosaen, Media, Enthusiasmus, Erinnerungen, Tagebuch (fb-Notizen) 2011 ider 12 bis 2017... 7 ISBN-Bücher in EINEM...

2018 = no-isbn-Bücher als Theraphiebücher, eine Reise ins eigene Gehirn, das Eichhörnchen aus der Dimension... Theraphiebücher = Schlaganfall, Kliniken, Traumas...

2019 bis 2020/21 = Fortsetzung aus den 17ern Büchern, aber anders: auch Musik, aber eben viel Lebensphilosophie, Momentums, Diskussionen mit mir selbst... 13 ISBN-Bücher in

EINEM...

Im Endeffekt 7 davor, 13 danach bei den ISBN-Büchern...

Zur Erklärung: ISBN heißt Veröffentlichung, Ewigkeit..., no-isbn heißt keine
Veröffentlichung...

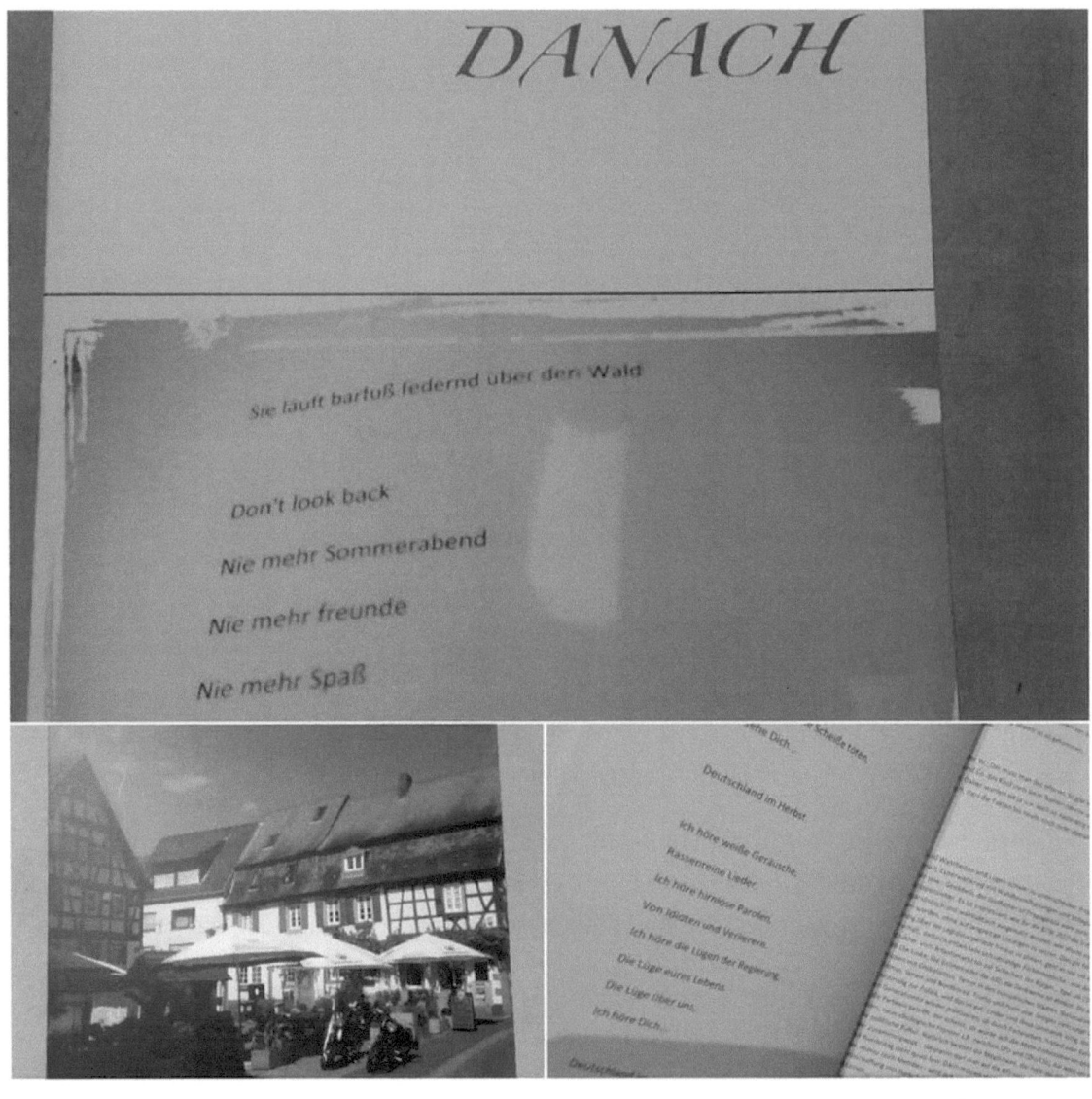

ANEKTODE

Vater und ich und die Musik... Er war Fan von Milva (diese roten, wallenden Haare, er liebte rote Haare) oder Glenn Miller mit "In The Mood" (er liebte diesen Swing-Song), Ce Conny Francis, oder Caterina Valente... In den 1970ern war Samstag mit Bundesliga-Konferenzschaltung im Radio, Sportschau und ZDF-Hitparade mit Katja Ebstein (er liebte Katja), Bernd Clüver, Michael Holm, Marianne Rosenberg, was weiß ich.... Und danach Familienabend mit "Am laufenden Band" ... Und trotz dieser "Komischen, langhaarigen Rockmusiker", hat er LPs von mir reingezogen - Kopfhörer an den Ohren, zugehört, auch nachgefragt! Ich erinnere mich an "Fools Ouverture" von Supertramp.

Pilze sammeln in den 1960ern, Urlaubsfahrten nach Österreich oder Südtirol, Bundesligabesuche "uffm Betze" ....Jaa, genau, Vater und ich und der Sport. Die Fahrten zum Elternhaus waren zumeist Dialoge über Fußball... Er selbst war ja ein Sportsfan Leichtathletik-Star durch Deutsche Polizeimeisterschaften, Handball-Star im Feldhandbal (!!). Im Fernsehen war Vater der Insider. Wenn der Läufer soundso drauf ist, der Handballer Tore schießen will (d.h. wirklich "schießen", hab ich von Vater gelernt) Mein hatte gebibbert um die Lebenserwartung des Stuhles, hahaha. Er hat immer° mit geschl er hatte durch Po und Beine auf dem Stuhl getanzt - gerade beim Fußball Unvergessen Fußball war das Bundesligaspiel des Jahrhunderts (tatsächlich vom DFB) 1. FC Kaiserslautern - FC Bayern München, Beckenbauer, Maier, Müller, Breitner - Ihr wisst

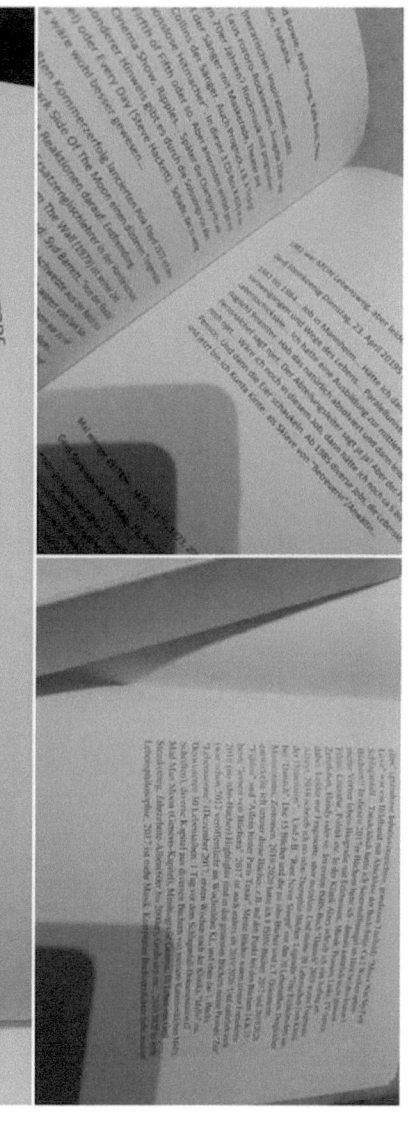

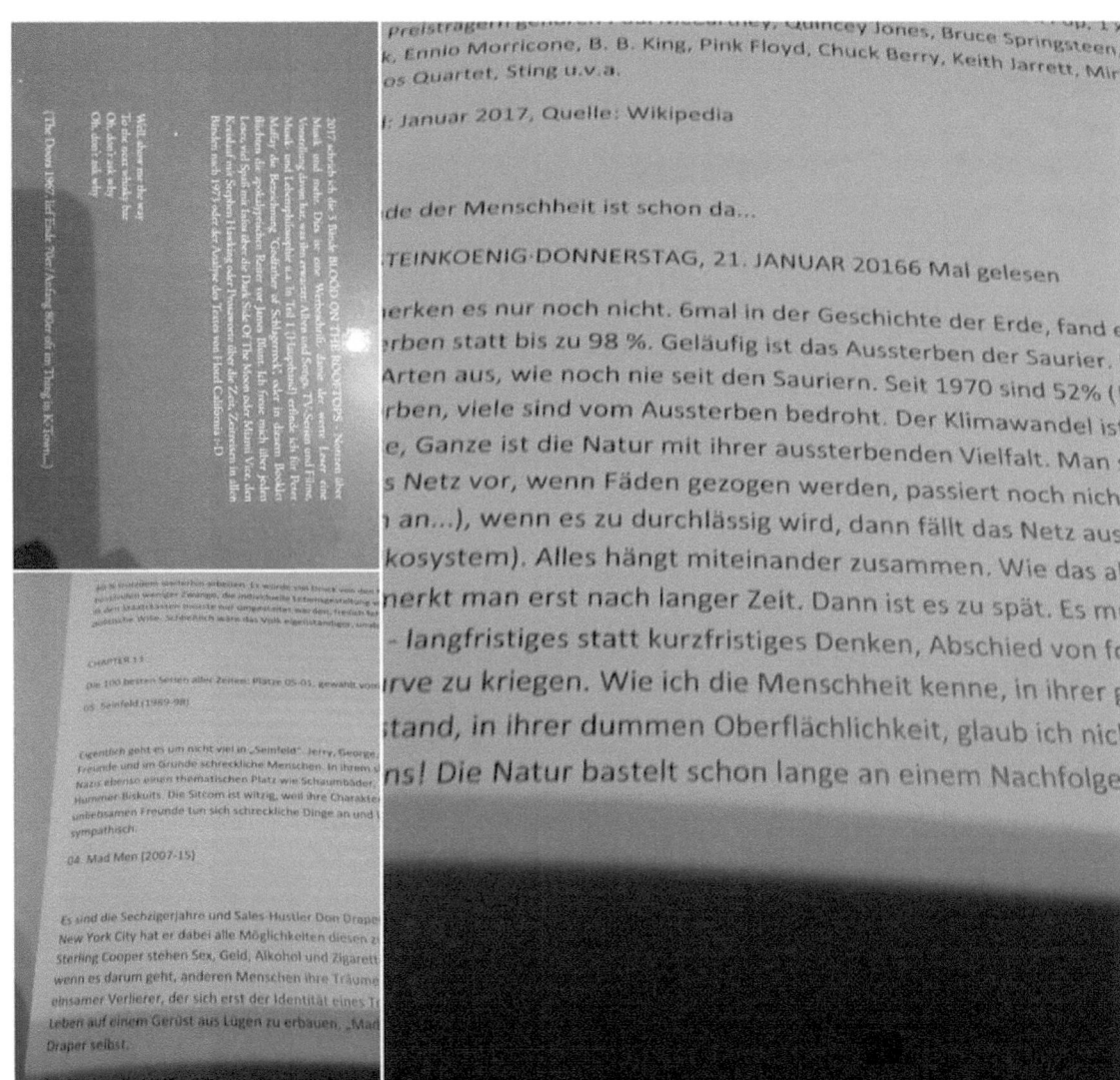

Leben = Glück, Glück = Leben! Dieser rote Faden in der Synapsengrundordnung verein... das Leben, trotz jenem Problem, oder jenem Tal, dadurch ist immer ein Licht im Tunnel erkennbar. Eine positive Lebensfreude als Selbstverständlichkeit im Lebensplan erleichtert das Erreichen der Ziele :-D

Jeder Mensch sollte/muss für sich wissen, was für ihn am Besten ist. Was ist für die Zukunft der nächsten ersten Jahre die richtige Lebensausrichtung, bringt für Körper/Geist/Seele perfekten Flow? Welcher Plan im Zeitmanagment der Lebensjahre bringt die meisten Erfüllungen der Ziele und Träume im Einklang mit Glück und Zufriedenheit?

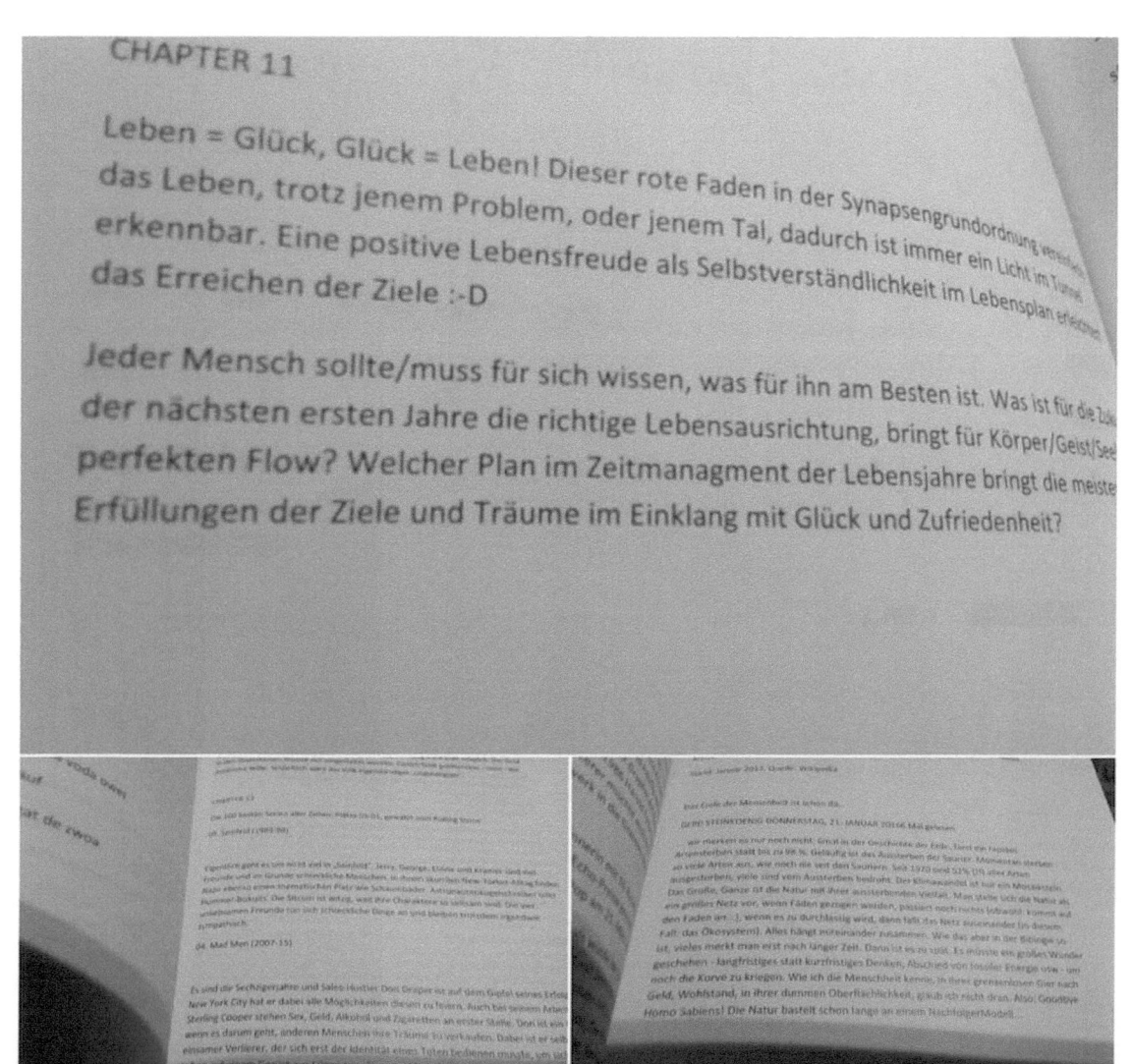

Die Deutsche Nationalbibliothek verzeichnet diese Publikation in der Deutschen Nationalbibliografie; detaillierte bibliografische Daten sind im Internet über http:// dnb.dnb.de abrufbar.

Herstellung und Verlag: BoD – Books on Demand, Norderstedt
ISBN: 978-3-7481-4207-2

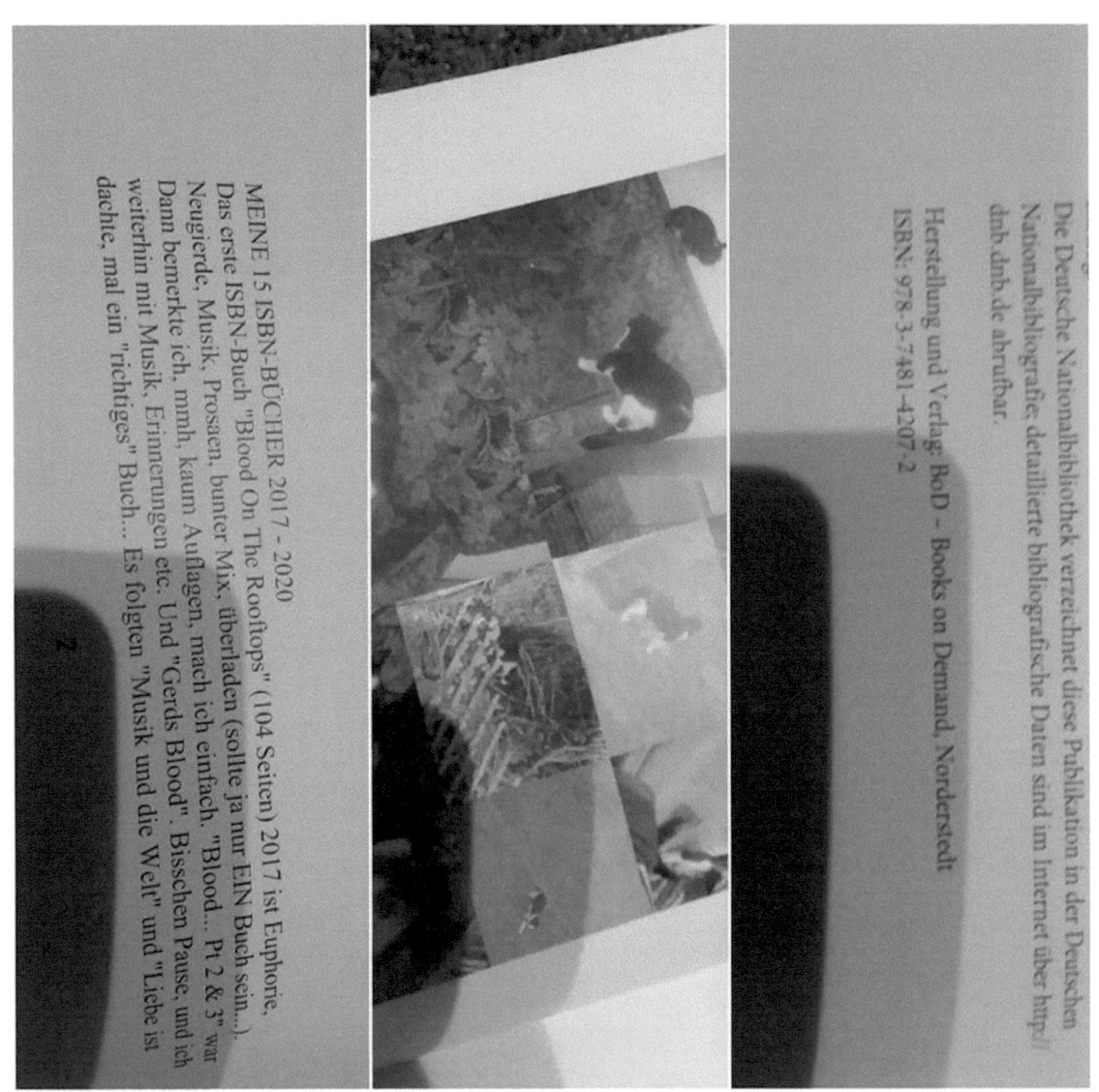

MEINE 15 ISBN-BÜCHER 2017 - 2020
Das erste ISBN-Buch "Blood On The Rooftops" (104 Seiten) 2017 ist Euphorie, Neugierde, Musik, Prosaen, bunter Mix, überladen (sollte ja nur EIN Buch sein...). Dann bemerkte ich, mmh, kaum Auflagen, mach ich einfach. "Blood... Pt 2 & 3" war weiterhin mit Musik, Erinnerungen etc. Und "Gerds Blood". Bisschen Pause, und ich dachte, mal ein "richtiges" Buch... Es folgten "Musik und die Welt" und "Liebe ist"

2

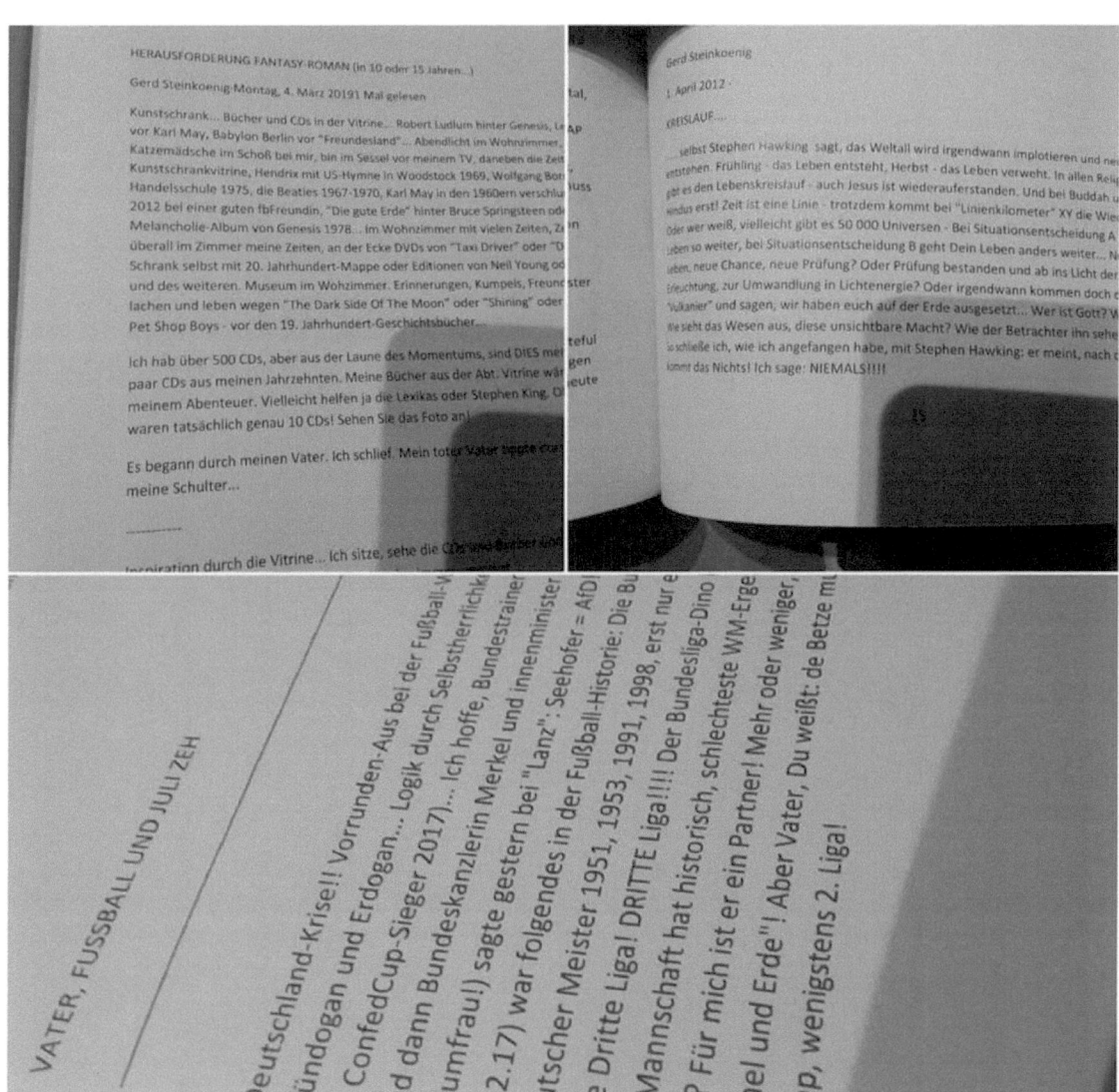

HERAUSFORDERUNG FANTASY-ROMAN (in 10 oder 15 Jahren...)

Gerd Steinkoenig·Montag, 4. März 2019| Mal gelesen

Kunstschrank... Bücher und CDs in der Vitrine... Robert Ludlum hinter Genesis, LeAP
vor Karl May, Babylon Berlin vor "Freundesland"... Abendlicht im Wohnzimmer,
Katzemädsche im Schoß bei mir, bin im Sessel vor meinem TV, daneben die Zeit
Kunstschrankvitrine, Hendrix mit US-Hymne in Woodstock 1969, Wolfgang Bor... uss
Handelsschule 1975, die Beatles 1967-1970, Karl May in den 1960ern verschlu...
2012 bei einer guten fbFreundin, "Die gute Erde" hinter Bruce Springsteen od...
Melancholie-Album von Genesis 1978... Im Wohnzimmer mit vielen Zeiten, Ze...n
überall im Zimmer meine Zeiten, an der Ecke DVDs von "Taxi Driver" oder "D...
Schrank selbst mit 20. Jahrhundert-Mappe oder Editionen von Neil Young od...
und des weiteren. Museum im Wohnzimmer. Erinnerungen, Kumpels, Freund...ster
lachen und leben wegen "The Dark Side Of The Moon" oder "Shining" oder...
Pet Shop Boys - vor den 19. Jahrhundert-Geschichtsbücher...

Ich hab über 500 CDs, aber aus der Laune des Momentums, sind DIES me...teful
paar CDs aus meinem Jahrzehnten. Meine Bücher aus der Abt. Vitrine wä...gen
meinem Abenteuer. Vielleicht helfen ja die Lexikas oder Stephen King, D...eute
waren tatsächlich genau 10 CDs! Sehen Sie das Foto an!

Es begann durch meinen Vater. Ich schlief. Mein toter Vater tippte...
meine Schulter...

_____

Inspiration durch die Vitrine... Ich sitze, sehe die CDs und Bücher und...

Gerd Steinkoenig

1. April 2012 ·

KREISLAUF...

...selbst Stephen Hawking sagt, das Weltall wird irgendwann implotieren und ne...
entstehen. Frühling - das Leben entsteht, Herbst - das Leben verweht. In allen Relig...
gibt es den Lebenskreislauf - auch Jesus ist wiederauferstanden. Und bei Buddah u...
Hindus erst! Zeit ist eine Linie - trotzdem kommt bei "Linienkilometer" XY die Wie...
Oder wer weiß, vielleicht gibt es 50 000 Universen - Bei Situationsentscheidung A...
Leben so weiter, bei Situationsentscheidung B geht Dein Leben anders weiter... N...
Leben, neue Chance, neue Prüfung? Oder Prüfung bestanden und ab ins Licht der...
Erleuchtung, zur Umwandlung in Lichtenergie? Oder irgendwann kommen doch...
"Vulkanier" und sagen, wir haben euch auf der Erde ausgesetzt... Wer ist Gott? W...
Wie sieht das Wesen aus, diese unsichtbare Macht? Wie der Betrachter ihn sehe...
so schließe ich, wie ich angefangen habe, mit Stephen Hawking: er meint, nach d...
kommt das Nichts! Ich sage: NIEMALS!!!!

VATER, FUSSBALL UND JULI ZEH

_____

Deutschland-Krise!! Vorrunden-Aus bei der Fußball-W...
Gündogan und Erdogan... Logik durch Selbstherrlichk...
vs ConfedCup-Sieger 2017)... Ich hoffe, Bundestrainer...
Und dann Bundeskanzlerin Merkel und Innenminister...
Traumfrau!) sagte gestern bei "Lanz": Seehofer = AfD...
7.2.17) war folgendes in der Fußball-Historie: Die Bu...
Deutscher Meister 1951, 1953, 1991, 1998, erst nur e...
die Dritte Liga! DRITTE Liga!!!! Der Bundesliga-Dino...
B-Mannschaft hat historisch, schlechteste WM-Erge...
er? Für mich ist er ein Partner! Mehr oder weniger,...
...mmel und Erde"! Aber Vater, Du weißt: de Betze m...
...opp, wenigstens 2. Liga!

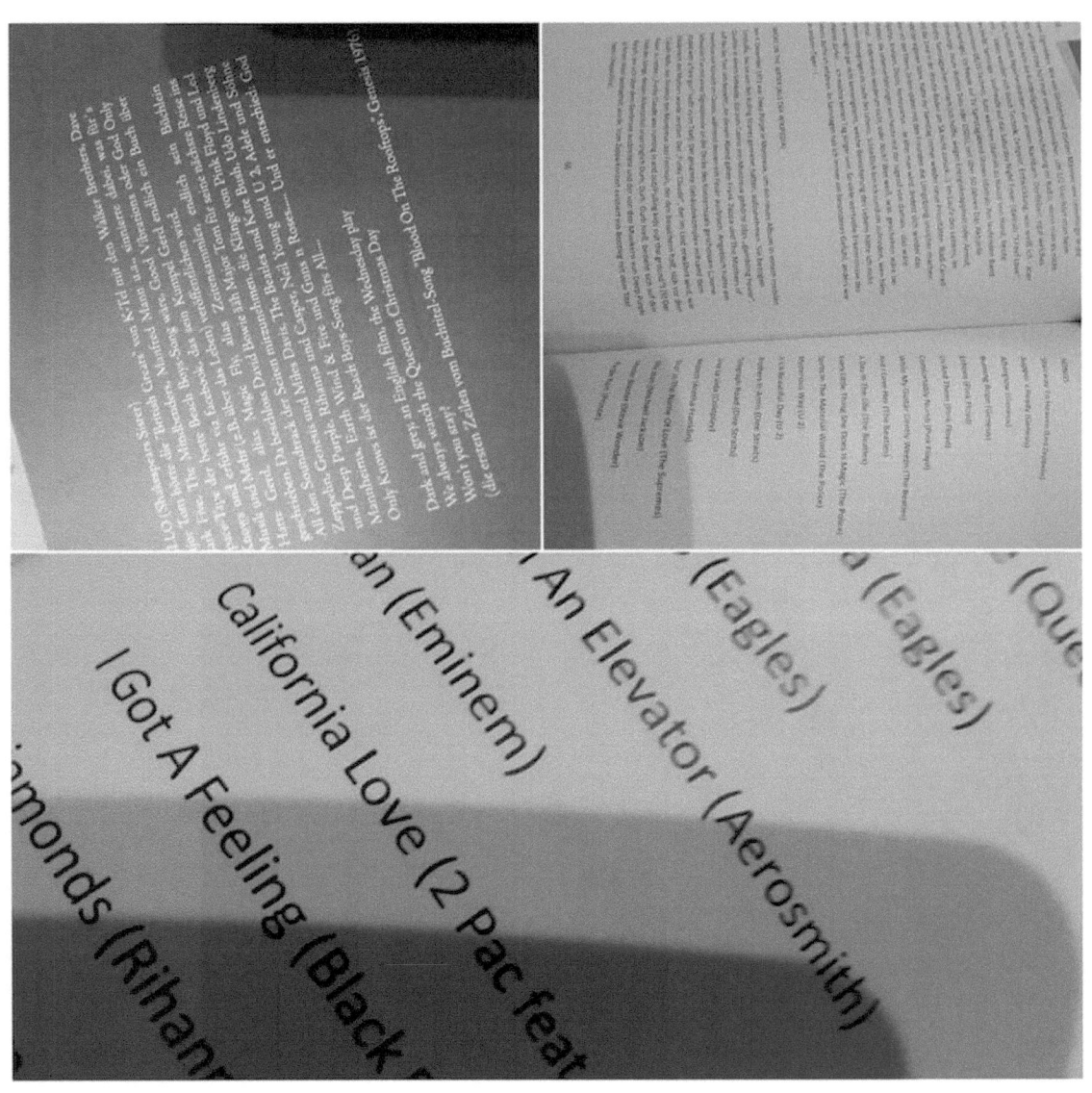

14

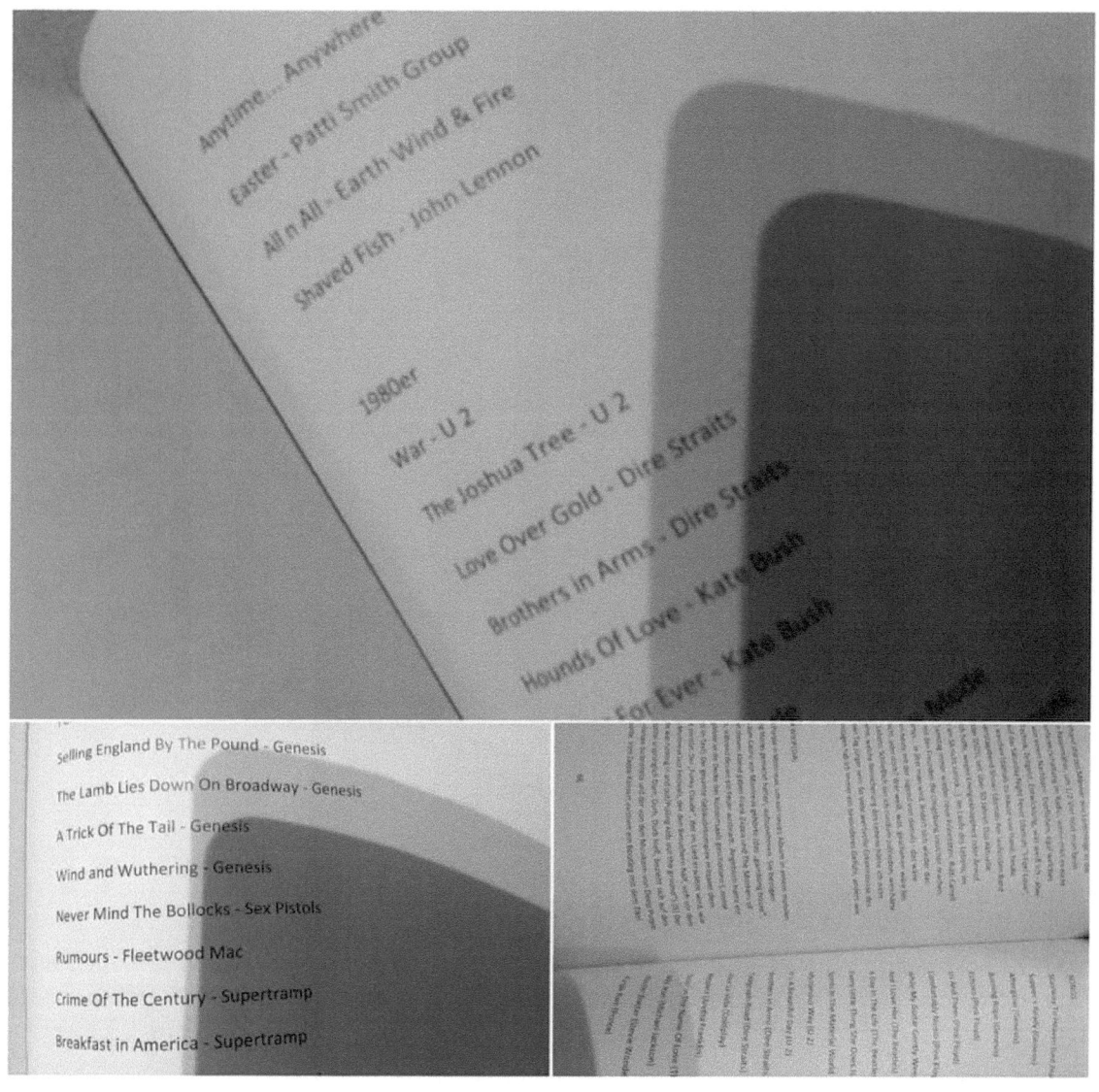

Anytime... Anywhere
Easter - Patti Smith Group
All n All - Earth Wind & Fire
Shaved Fish - John Lennon

1980er
War - U 2
The Joshua Tree - U 2
Love Over Gold - Dire Straits
Brothers in Arms - Dire Straits
Hounds Of Love - Kate Bush
For Ever - Kate Bush

Selling England By The Pound - Genesis
The Lamb Lies Down On Broadway - Genesis
A Trick Of The Tail - Genesis
Wind and Wuthering - Genesis
Never Mind The Bollocks - Sex Pistols
Rumours - Fleetwood Mac
Crime Of The Century - Supertramp
Breakfast in America - Supertramp

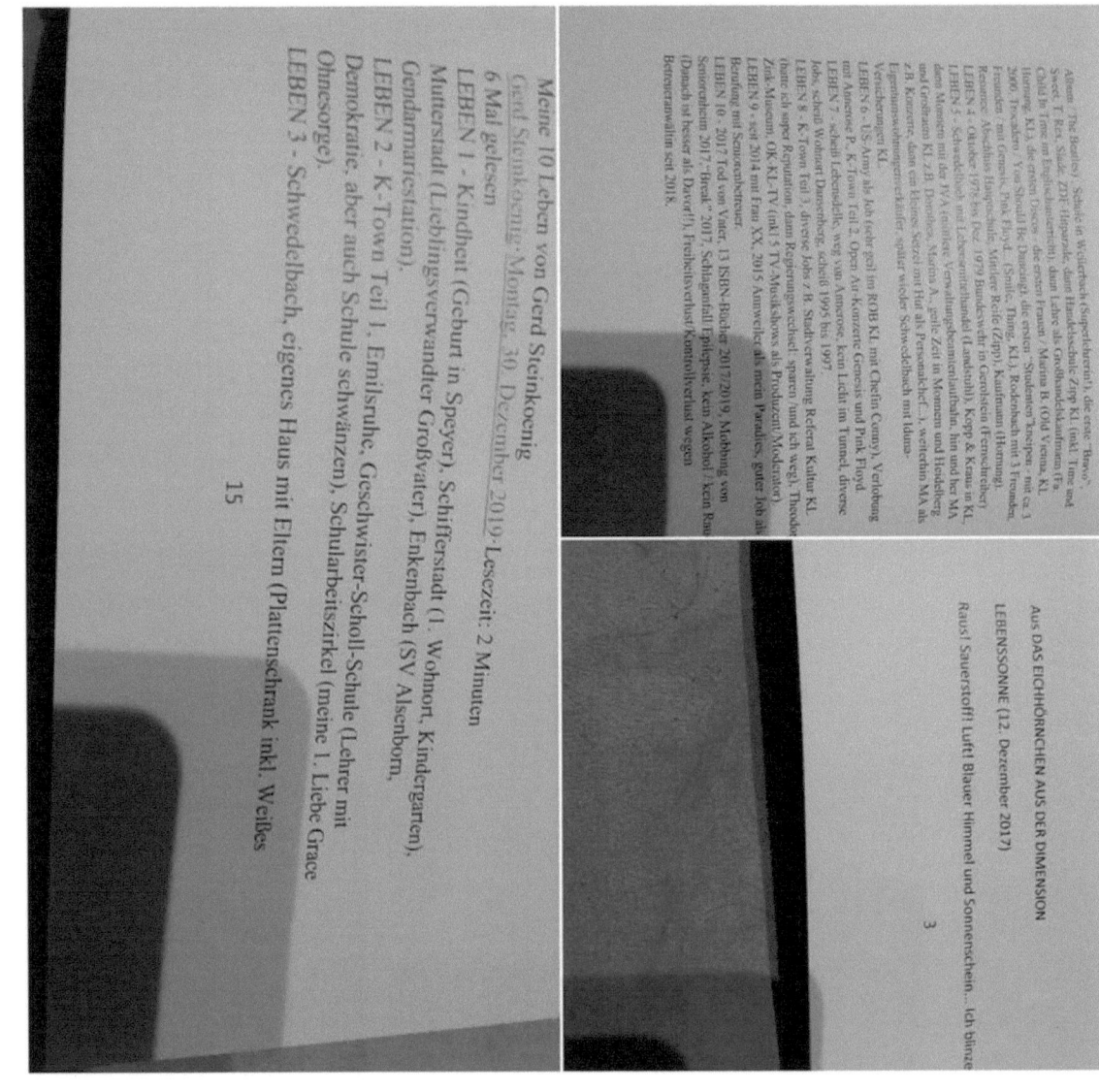

Aus DAS EICHHÖRNCHEN AUS DER DIMENSION

LEBENSSONNE (12. Dezember 2017)

Raus! Sauerstoff! Luft! Blauer Himmel und Sonnenschein... Ich blinze

3

Meine 10 Leben von Gerd Steinkoenig

Gerd Steinkoenig/Montag, 30. Dezember 2019/Lesezeit: 2 Minuten

6 Mal gelesen

LEBEN 1 - Kindheit (Geburt in Speyer), Schifferstadt (1. Wohnort, Kindergarten), Mutterstadt (Lieblingsverwandter Großvater), Enkenbach (SV Alsenborn, Gendarmeriestation).

LEBEN 2 - K-Town Teil 1, Emilsruhe, Geschwister-Scholl-Schule (Lehrer mit Demokratie, aber auch Schule schwänzen), Schularbeitszirkel (meine 1. Liebe Grace Ohnesorge).

LEBEN 3 - Schwedelbach, eigenes Haus mit Eltern (Plattenschrank inkl. Weißes

15

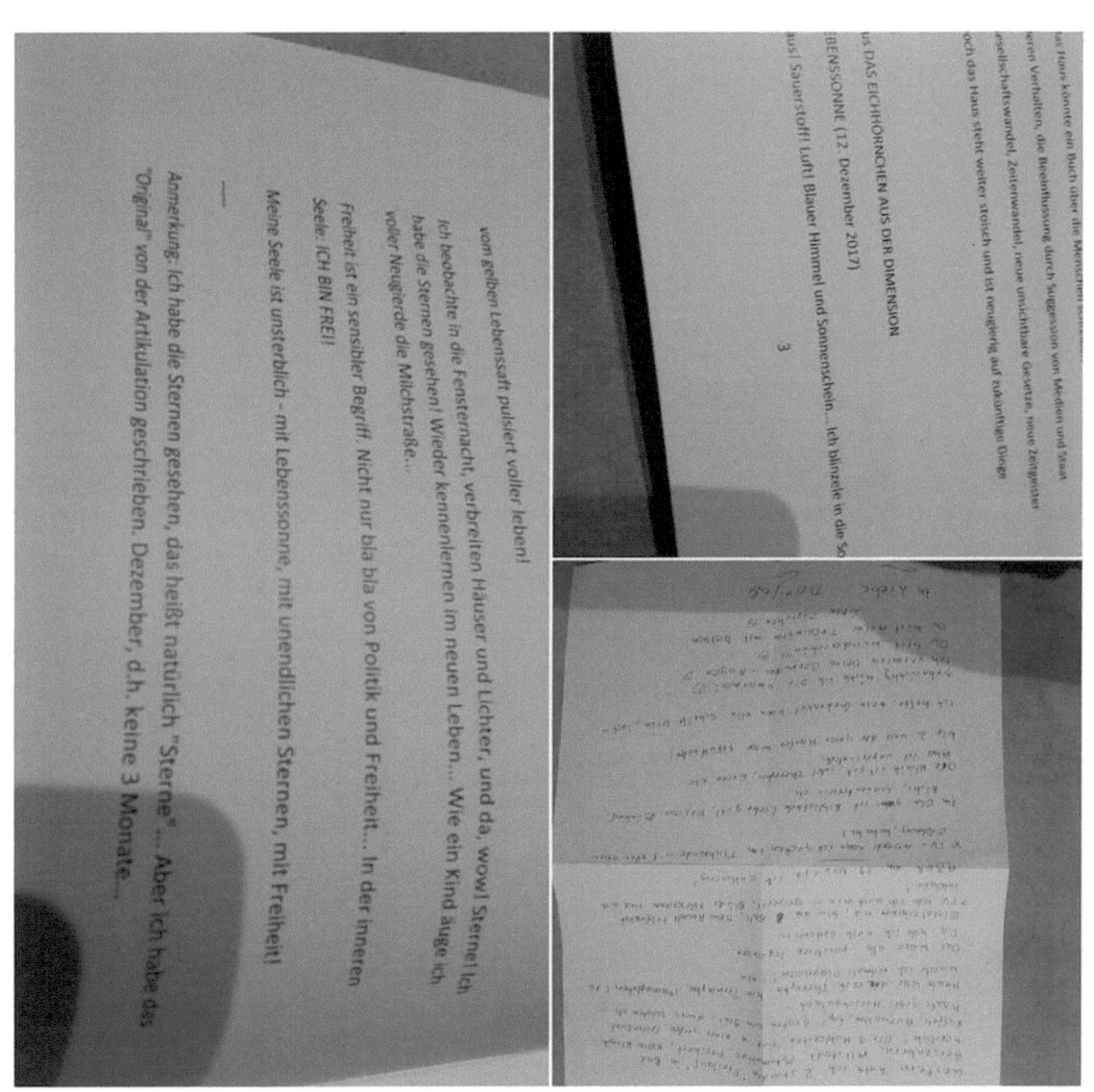

...das Haus könnte ein Buch über die Menschen schreiben...

...eren Verhalten, die Beeinflussung durch Suggestion von Medien und Staat

...esellschaftswandel, Zeitenwandel, neue unsichtbare Gesetze, neue Zeitgeister

...och das Haus steht weiter stoisch und ist neugierig auf zukünftige Dinge

...DAS EICHHÖRNCHEN AUS DER DIMENSION

...EBENSSONNE (12. Dezember 2017)

...us! Sauerstoff! Luft! Blauer Himmel und Sonnenschein... Ich blinzele in die So...

3

vom gelben Lebenssaft pulsiert voller leben!

ich beobachte in die Fensternacht, verbreiten Häuser und Lichter, und da, wow! Sterne! Ich
habe die Sternen gesehen! Wieder kennenlernen im neuen Leben... Wie ein Kind auge ich
voller Neugierde die Milchstraße...

Freiheit ist ein sensibler Begriff. Nicht nur bla bla von Politik und Freiheit... In der inneren
Seele: ICH BIN FREI!

Meine Seele ist unsterblich - mit Lebenssonne, mit unendlichen Sternen, mit Freiheit!

___

Anmerkung: Ich habe die Sternen gesehen, das heißt natürlich "Sterne"... Aber ich habe das
"Original" von der Artikulation geschrieben. Dezember, d.h. keine 3 Monate...

wn keine Ahnung - vielleicht Kneipendiskussion

de, die gleiche Sonne, der gleiche Himmel, die gl

ten, diverse Gehirnwäsche, diverse Mainstream

diverse Vergewaltigungen, diverse Meinungen,

in New York City oder Rom oder Paris oder Nair

oder oder oder... In Deutschland gibt es gefühlte

liversesten Menschen - und doch das Gleiche m

-Shop etc... Wenn ich die Erde sehe von oben m

26987 Diebstähle - und 28745 mal

losigkeit und Frieden... Aber tatsächlich gleichz

lleicht mehr oder weniger, aber alles gleichzeit

diversesten Gehirne und Meinungen durch

TV, Computer etc... Sie meinen, es ist richtig i

htige (?) Meinungen.

Projekt "Mensch"! 3797 ist das Ende von

acht und Krieg, sondern endlich Liebe? Alle

Oder kommt einfach der Atombombenkrieg o

sind weg... Sauriers weg, Menschen weg, wer

iele Planeten und Lebewesen-Kreationen. D

annt, mit dem anderen Planeten. Vielleicht e

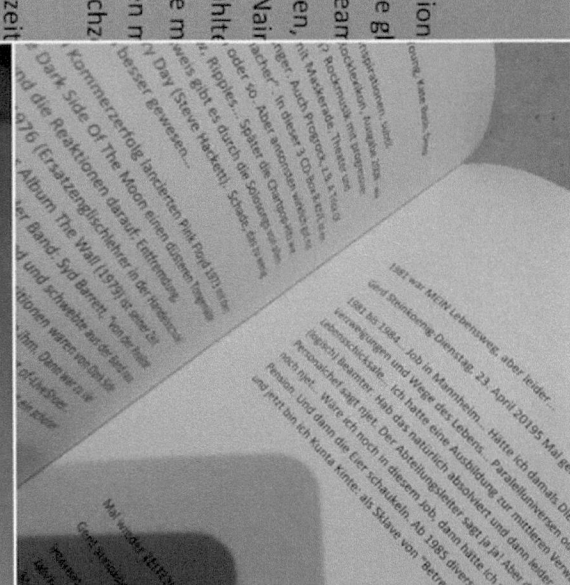

KAPITEL 3 WILDES WASSER

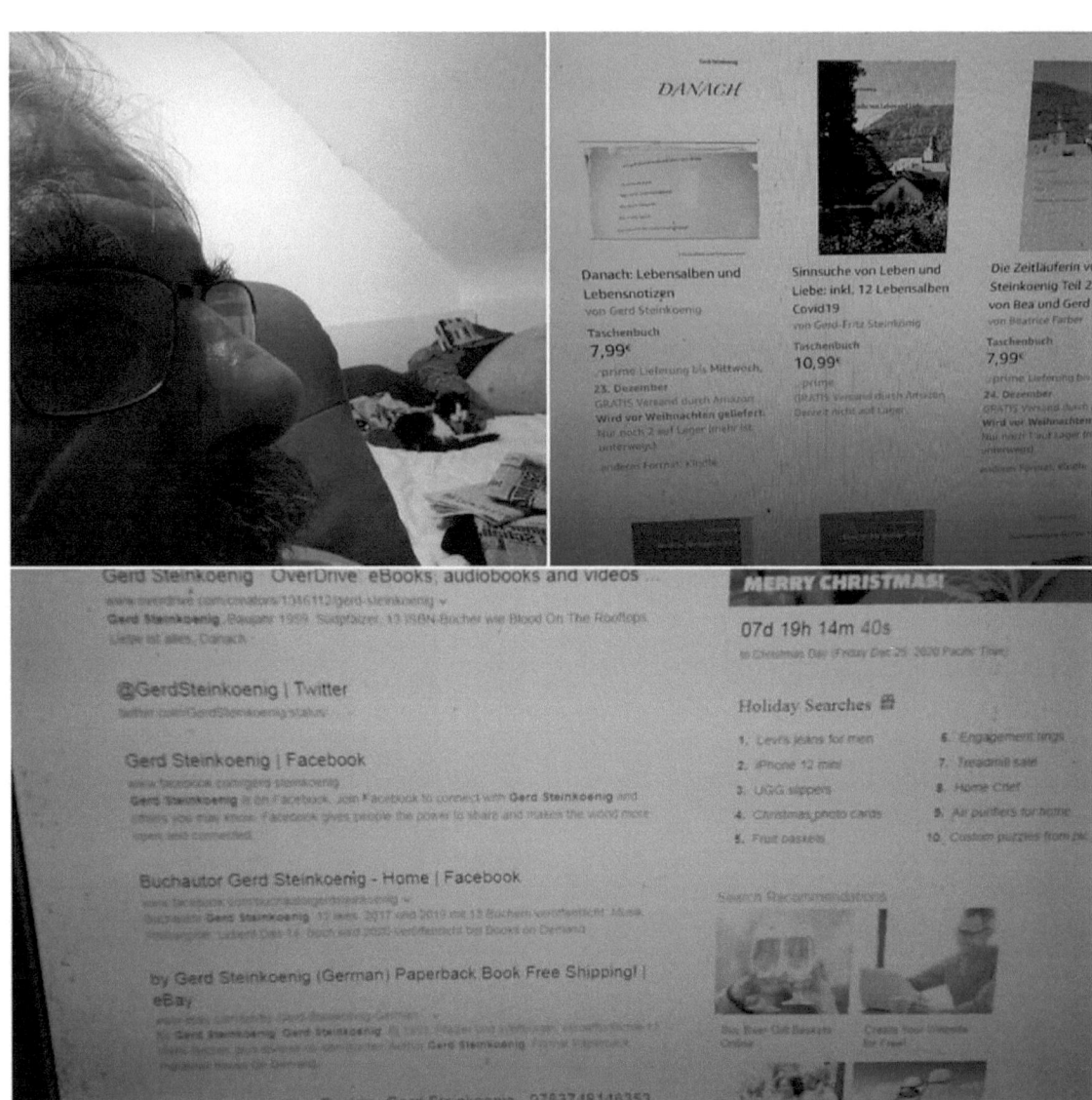

Zu diesem Brief aus Kapitel 2, geschrieben vom 23. 12.2020

 Es gibt Hunderttausende Silke... Deshalb trotzdem... SIE und ich hatten eine göttliche
Zeitoase. Bei diesem Brief hatte ich nur 1 Tag später geschrieben und die von der Adresse
Abteilung vergessen. Nicht angekommen! Im damaligen Hirnwirrwarr hatte ich die
Telefonnummer verschlampt und die Frau weiß nicht, das ich mit ihr treffen wollte... Wir
waren doch eins...Aber 2021 beim Herbstfest von dieser Klinik... Vielleicht doch?!? In

100000000000 Jahren denk ich an SIE!!

24. Dezember 2019

Einfälle durch Feuerzangenbowle

20:15h ARD Die Feuerzangenbowle... Hab ich oft gesehen, aber diesmal viel Philosophie... Der Film ist von 1944, Durchhaltefilme durch die Nazis mit gute Laune... Rühmann hat das gut gemacht, aber manchmal wirds durch die Propaganda doch eng...

Vorallem: Streiche, aber immer Hierachie!! Ist seit vielen Jahren ein Fremdwort. Heute gibts eine auf die Fresse von Schülern an die Lehrer, Mobbing an die Lehrer und natürlich Schülerrechte. Oder sogar die Eltern den Lehrer hauen! Das ist Scheiße! Um Gottes Willen, ich möchte nicht den Muff von 1944 oder 1957 oder 1966 (66 war mein 1. Schuljahr), aber es wäre sehr schön, wenn es wieder Respekt, Hierachie, Etikette gäbe. Das es wieder Vorbilder sind, Lebensziele, Karriere, Motivation. Ist aber durch die Politik Mist: durch Leistungsdrogen wegen (falsche?) Karriere/Lebenswege... Dann diese elenden Helikoptereltern...

Mal wieder Schall und Rauch... Die Schule von 1973, damals in Weilerbach in der Volksschule mit den Schülern von 73-Zeitgeist wirds nie mehr geben... Oder die legendäre Handelsschule Zipp in K-Town...

26.12.20

TV bei XMas 2020? Asterix Filme (Super RTL), Bud & Terence Filme (Kabel1), Edgar Wallace Filme (NITRO) hahaha...

25. Dezember 2017... Baumkreaturen schon im Dez 17... Der erste Monat nach den Kliniken... Im Januar wieder mit dem Baumleben... In Klingenmünster wegen "Epi"...

25.12.19

Hommage an Bugs Bunny, Peanuts und Co.

Super RTL mit Bugs Bunny, Coyote & Roadrunner oder Sylvester & Tweety... Gelacht, gelacht, gelacht... Schon in den 70ern im ZDF in der Teeniezeit... Und wieder Brainstorming: TV-Mainstream = aus IQ vom Volk... Klingt zwar komisch, aber DAS war Niveau! Heute, na ja, ohne Sinn und Verstand mit Fantasiegestalten und irgendwelche "Drogengestalten"aus Japan. Weniger IQ vom Volk = weniger Niveau aus dem TV - weil Einschaltquote... Natürlich ist es auch heute sehr geil mit The Simpsons oder South Park oder Family Guy. Aber das sind ja keine Kinderfilme! Damals aber, waren richtige Häuser und realitische Bilder mit Namen die man kennt - heute Was-Weiß-Ich und Co... Und Niveau: diese Sprüche (Bugs Bunny), diese Pläne (Coyote), diese Dialoge (Sylvester, Tweety)... Referenz: Pink Panther, Peanuts, Tim & Struppy, Asterix, Tom & Jerry, The Flintstones, Lucky Luke... Na ja, was soll´s, bla bla bla bla...

25.12.19

Ich wäre gerne... Meine Traum(?)Wünsche

Ich wäre gerne nach Italien, für die Mentalität, Familia ist gut, nach Napoli, Roma, Milano...

Ich wäre gerne mit Freiheit, Unabhängigkeit, Autonomie, Freigeist, Inspirationen...

Ich wäre gerne die Nr. 1 in DER SPIEGEL-Buchbestseller-Liste...

Ich wäre gerne nach Lauenförde, St. Peter-Ording, Weimar, Obersdorf, Smmenau, Rehau...

Ich wäre gerne ewig mit meinem, treuen Katzenmädchen Molly - schon knapp 15 Jahre alt...

Ich wäre gerne nach Fernweh, Paris, London, New York City, Barcelona, Tokio, Venedig...

Ich wäre gerne der König der Welt - weg mit Populisten, Geldhaien, Machtgierigen...

Ich wäre gerne Flirt oder Liebe mit Frau X in Paris, Frau Y in NYC, Frau Z in München...

Ich wäre gerne im 1970er-Wohnungsstyle inkl. Musicbox mit Vinyl-Singles...

Ich wäre gerne im "Raumschiff Enterprise" mit Planeten und Sterne...

Ich wäre gerne jeden Tag in meinem neuen Job als Seniorenbetreuer...

Impressum

Bibliografische Information der Deutschen Nationalbibliothek: Die Deutsche
Nationalbibliothek verzeichnet diese Publikation in der Deutschen
Nationalbibliografie; detaillierte bibliografische Daten sind im Internet über
dnb.dnb.de abrufbar.

© 2021 Gerd.Fritz Steinkänig
Herstellung und Verlag: BoD – Books on Demand, Norderstedt
ISBN: 978-3-7526-5870-5